AF250574

LA FRANCE

ET LA

QUESTION D'ORIENT

PAR

M. Em. COLLAS

PARIS

Victor SARLIT	E. MAILLET
libraire-éditeur	libraire-éditeur
19, RUE DE TOURNON.	15, RUE TRONCHET

1869

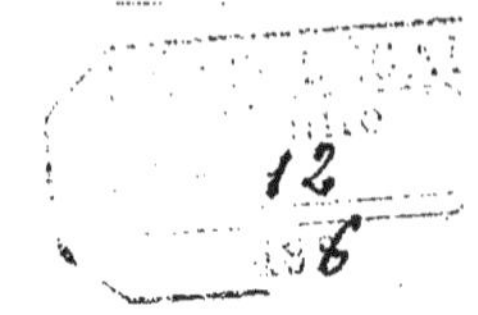

LA FRANCE

ET LA

QUESTION D'ORIENT

De graves événements se préparent dans l'Europe orientale.

Irritée de la persistance d'un soulèvement qui défie tous ses efforts, qui use ses troupes, ruine ses finances, enlève à son drapeau le reste de prestige qu'il pouvait conserver encore, étale aux yeux de l'Europe sa faiblesse et son impuissance, et creuse au flanc de son empire une plaie qui ne sera plus cicatrisée, la Turquie essaye contre les chrétiens d'Orient une tentative désespérée.

Elle a voulu étouffer dans le sang la résistance héroïque des populations crétoises.

Elle envoyait en même temps au cabinet d'Athènes cet *ultimatum* dont la violence et l'audace ont révélé subitement à l'Europe toute la gravité de la situation.

Les grandes puissances sont intervenues.

Mais, personne ne s'y est trompé. Ce ne sont pas les expédients accoutumés de la diplomatie qui résoudront jamais la question d'Orient. Ils peuvent servir à l'apaisement des difficultés actuelles, à retarder le signal de la lutte suprême qui doit éclater un jour. La question d'Orient ne disparaîtra pas ainsi du nombre de ces difficultés formidables qui, tour à tour, se dressent devant l'Europe et jettent ses peuples, les armes à la main, sur les champs de bataille. Pour qu'elle cesse de troubler la paix du monde, il faut d'abord que la triste cause de son existence et de sa perpétuité, l'asservissement des chrétiens d'Orient à la domination des Turcs, ait cessé de déshonorer l'Europe.

Quel sera le rôle de la France dans les événements qui se préparent? Que doit-elle faire? Que devra-t-elle faire dans l'avenir?

Il y a là, pour notre pays, un grave sujet de méditations. Protectrice séculaire des chrétiens d'Orient, la France voit encore les intérêts de sa puissance matérielle engagés dans un conflit qui met en cause la possession de Constantinople et, par conséquent, la liberté de la Méditerranée et l'avenir des régions qui forment le centre de l'ancien monde, le lien des trois continents, la voie naturelle de leurs échanges commerciaux et de leurs relations internationales.

Faut-il qu'elle demeure l'éternel champion de l'empire ottoman?

Non! l'avenir n'appartient pas aux Turcs. Quels que soient les expédients de la politique et les combinaisons de la diplomatie, rien ne peut prévaloir contre ce fait : 800,000 Turcs et 3,000,000 de renégats, convertis à l'islamisme par la crainte du sabre et l'attrait des priviléges de leurs vainqueurs, gouvernent ou dominent 12,000,000 de chrétiens. La race musulmane est énervée par les doctrines du fatalisme et par une religion qui glorifie et satisfait toutes les passions humaines, épouvantée de la conscience de sa faiblesse et de la prévision d'une catastrophe imminente. Les populations asservies sont fortes de l'énergie que le christianisme sait conserver aux peuples, de toutes les souffrances qu'elles ont endurées pour leur foi et pour leur patrie, d'espé-

rances de liberté que chaque jour vient confirmer et grandir...
De ce simple rapprochement il faut conclure que la domination
musulmane succombera devant les peuples qu'elle opprime aujourd'hui.

Il est sans doute possible de retarder la réalisation de ce grand
événement ; mais c'est là tout ce que peuvent espérer les défenseurs de la Turquie. L'empire ottoman ne subsiste désormais
que par les rivalités qui rendent impossible une action commune
aux gouvernements des peuples civilisés. Or ce frêle et hon-
teux rempart d'un empire autrefois si terrible, s'il le préserve
d'un partage comme celui de la Pologne, ne le garde ni de la
dissolution intérieure qui mine les derniers restes de sa puissance évanouie, ni des intrigues étrangères qui précipitent sa
décomposition, ni de la haine des populations chrétiennes qui,
un jour ou l'autre, briseront dans un suprême effort le joug
qu'appesantissent encore sur leurs têtes leurs vainqueurs d'il y
a quatre siècles.

Les différences de races qui existent entre ces populations
n'empêcheront pas leur triomphe. Ces différences s'atténuent
par les relations de tout genre que notre époque a créées entre
les nations, par le souvenir, fréquemnent évoqué maintenant,
d'une longue communauté d'humiliations, de douleurs et de
souffrances, par l'accord des espérances de liberté de ces peuples, par une haine à jamais vivante dans leur sein contre la
domination de leurs oppresseurs, par la nécessité que tous com-
prennent aujourd'hui de rester unis devant l'ennemi qui les a
écrasés au temps de la conquête et dominés, depuis sa victoire,
en exploitant leurs divisions et leurs rivalités. Ces différences
de races ont pu ajourner l'expulsion des musulmans ; elles n'y
feront pas éternellement obstacle.

Peut-on croire enfin, — comme le prétendent certains orga-
nes de la presse, — que, subitement converti au respect des

principes modernes, le Sultan s'est résolu à effacer les distinc-
tions qui existent entre ses sujets pour régner un jour au même
titre et avec des lois égales sur toutes les populations de son empire ? Faut-il croire à la fusion des peuples chrétiens et musulmans de la Turquie ?

Ce fut, en 1856, au temps du congrès de Paris, une étrange
illusion de la diplomatie que d'espérer ces choses impossibles.
Des promesses qui furent faites alors, pas une n'a été remplie.
Toutes les mesures qui ont été présentées comme favorables aux
chrétiens restent sans application. Elles sont promulguées à
grand bruit, immédiatement communiquées aux agents diplo-
matiques des puissances ; le télégraphe et la presse portent à
l'Europe la nouvelle de leur publication ; les journaux qui ser-
vent la Turquie, à Vienne, à Paris et à Londres, les répandent
et les glorifient. Elles ont quelques semblants d'effets à Constantinople... Et le seul but de leurs auteurs est atteint : l'Europe
est une fois encore endormie et trompée.

Mais, dans l'empire, la situation demeure ce qu'elle était auparavant. Ainsi, les chrétiens sont autorisés à bâtir des églises :
le fanatisme musulman, plus puissant que les lois, ne le leur
permet pas. On décrète à Constantinople l'égalité de certains
impôts, et, au fond des provinces, les pachas et leurs agents
extorquent des *raïas*, par la ruse ou par la force, un triple et
quadruple tribut. On promet aux populations de conserver ou de
rétablir les institutions municipales qui peuvent les défendre
contre les caprices et les passions des fonctionnaires musulmans :
cette promesse est oubliée comme les autres, et, s'il existe dans
quelques provinces des semblants d'institutions de ce genre, elles
sont composées de Turcs et d'hommes qui leur sont vendus. Les
chrétiens entrent dans quelques tribunaux ; mais ils n'y occu-
pent que les degrés inférieurs, ils n'y possèdent aucune influence,
et, quand les droits de leurs coreligionnaires sont outrageuse-
ment sacrifiés aux prétentions d'un Turc, quand leur témoignage
est écarté comme indigne ou livré, par un déni de justice qui le
méconnaît et le contredit, à la risée publique, quand le parjure

d'un musulman l'emporte sur les preuves les plus certaines et anéantit aux yeux des juges la réalité des faits les plus évidents, ils se voient impuissants et gardent un silence forcé en face d'une majorité oppressive. On leur permet d'acquérir des terres ; car il faut peupler les campagnes que les Turcs laissent incultes et désertes pour se réfugier dans les villes et se sentir à l'abri de la haine des populations derrière les murs de leurs places fortes ; mais qu'un fonctionnaire ottoman se prenne à envier la propriété d'un chrétien ! il serait dangereux à celui-ci de ne la point céder pour un prix dérisoire. La protection du maître absolu de l'empire s'étend, — il l'a solennellement promis à l'Europe, — sur tous ses sujets, indifférente à leur race ou à leur culte : et les familles des chrétiens outragés, blessés, assassinés par les Turcs savent qu'il est inutile de demander vengeance à ceux qui les gouvernent..... On envoie enfin, pour apaiser l'Europe indignée de quelque effroyable massacre, un chrétien administrer une province ; on l'introduit même, s'il le faut, dans les conseils de l'empire ; mais on le choisit habilement parmi ces ambitieux, de nature souple et coulante, qui sont incapables de compromettre jamais la haute fortune que leur destine la faveur des Sultans. Et aujourd'hui, comme autrefois, les chrétiens sont traités en vaincus ; à Constantinople même, les Turcs ne réussissent pas à cacher, sous les apparences d'une civilisation menteuse, les tristes réalités de leur domination. Dans les provinces, ils n'essayent pas de dissimuler, et les populations sont opprimées, ici par une sorte de féodalité bâtarde, ailleurs par les pachas, ailleurs encore par la masse de la population musulmane. L'oppression a des formes diverses, mais elle s'exerce partout au profit des musulmans et contre les chrétiens.

Un changement sérieux dans cette situation est absolument impossible. D'où viendrait-il donc ? Le Sultan, maître absolu de ses Etats, ne l'a jamais voulu et ne le voudra jamais. Elevé, comme tous les souverains ottomans, dans une croyance aveugle à la force et à la grandeur de la Turquie, sans communication personnelle avec les peuples soumis à sa domination ni avec l'Europe, entouré de ministres qui, pour se maintenir au pouvoir, lui cachent la décomposition de ses Etats et la ruine de la prépondérance musulmane, il se croit encore au temps où les *raïas* écrasés par toutes les forces de l'Asie, abandonnés de l'Europe, sans espoir de secours, ne savaient qu'implorer leur souverain tout-puissant. Enfermé dans son palais, il ignore son empire qu'il n'a jamais parcouru, les pensées d'indépendance qui fermentent au sein de ses peuples et jusqu'à leurs révoltes contre son autorité. Les actes qui devraient l'éclairer ne lui parviennent que dénaturés par ses ministres. Comment aurait-il donc la volonté de donner des lois nouvelles à des peuples qu'il ne connaît pas ?

Il existe à Constantinople un parti formé de quelques hommes qui rêvent la reconstitution de la Turquie par l'union des races chrétiennes avec les musulmans, c'est-à-dire une chose impossible, l'alliance d'intérêts contradictoires et la fusion d'éléments inconciliables..... Mais si l'Europe avait pu attendre quelque mesure libérale du Divan, Abdul-Aziz et ses conseillers n'auraient-ils vu dans le parti de la *jeune Turquie* que des ambitieux et des conspirateurs alliés pour la ruine de l'empire ? Et ne doit-on pas reconnaître dans l'exil qui a frappé ces hommes la manifestation d'une volonté fermement arrêtée de rejeter, même sans la connaître, toute pensée de réforme, parce qu'elle semble profondément inutile et dangereuse.

Disons, au reste, la vérité tout entière. Si les Turcs ne veulent pas de réformes, c'est qu'ils savent qu'un changement dans la constitution de leur empire serait le signal de sa dissolution plus rapide et plus complète. Ils ont compris que l'égalité entre les chrétiens et eux serait la ruine immédiate de la puissance ottomane.

Si des écoles s'élevaient partout pour les Grecs de la Turquie, pour les Bulgares, pour les peuples de l'Herzégovine, de la Bosnie ; s'ils pouvaient librement construire des églises ; si les innombrables familles qui depuis la conquête n'ont abjuré le christianisme que des lèvres, en restant attachées de cœur et de conviction au culte de leurs pères ou même en pratiquant en secret les préceptes de la religion proscrite, pouvaient, sans être exposées aux persécutions et à la mort, renier la foi musulmane et revenir ouvertement aux croyances nationales de leur patrie ; s'il était permis à ces populations d'arriver à la prospérité et à la richesse par le déploiement de leurs remarquables facultés ; si, par exemple, une portion des tributs qu'elles payent était employée à construire les routes nécessaires à l'agriculture, au commerce, à l'industrie du pays ; si leurs propriétés étaient garanties et respectées ; si la justice leur était loyalement rendue ; si des institutions municipales, indépendantes, soumises à l'élection, unissaient entre eux les habitants des villages, des districts, des provinces ; alors, les peuples chrétiens de la Turquie, possédant ce qui fait l'énergie des nations, la foi religieuse, la confiance dans leurs destinées, l'instruction, la force matérielle et morale que donne la certitude d'un avenir assuré par le travail et la richesse, pouvant se compter et s'unir, en auraient bientôt fini, malgré les causes de faiblesse qui peuvent exister dans leur sein, avec ce petit groupe d'Osmanlis qui s'est partagé le sol de l'empire d'Orient.

Aussi les Turcs ne consentiront-ils jamais à l'émancipation de leurs sujets chrétiens. Les promesses de changements ne leur coûtent rien. La réalisation de ces promesses serait la fin de leur domination.

L'Orient sera obligé de conquérir sa délivrance.

On a pensé parfois que la substitution des chrétiens aux musulmans dans la domination des contrées orientales pourrait s'effectuer, en quelque sorte, avec le consentement de la Turquie, par l'application d'un système qui a réussi en Serbie et dans les Principautés danubiennes. A mesure que dans une province, les anciens possesseurs du sol auraient repris sur les Turcs une supériorité incontestable, quand ils auraient prouvé par de longues résistances ou par la révolte une détermination énergique de ne plus vivre sous le gouvernement du Sultan, quand, d'autre part, la Turquie se serait montrée impuissante à bien administrer cette province et incapable de la soumettre complétement, l'Europe serait intervenue. Se faisant accepter comme médiatrice par les chrétiens et par les Turcs, elle aurait obtenu des uns et des autres qu'ils renonçassent à une partie de leurs exigences : les chrétiens, à l'indépendance absolue ; les Turcs, au rétablissement de leur autorité souveraine. Et alors, sous la protection des puissances, auraient été créés successivement, de chacune des provinces de la Turquie d'Europe, des Etats, placés dans les conditions qu'ont acceptées la Serbie et la Roumanie, vivant de leur existence nationale, ayant une armée, un trésor, une administration, les lois des peuples civilisés, un souverain chrétien, mais attachés à la Turquie par le payement d'un tribut annuel et par les liens d'une suzeraineté nominale.

Certes, les populations asservies auraient accepté une telle combinaison. Mais il est désormais trop certain que les puissances en ont abandonné la pensée devant les résistances désespérées de la Turquie... Que deviendrait l'empire, si chacune des races qui le composent aujourd'hui, soustraite à l'omnipotence musulmane, avait son gouvernement et ses lois chrétiennes ? Que serait l'autorité du Sultan sur ces princes et sur ces peuples ? Ici — comme toujours — nous en arrivons invinciblement à la destruction nécessaire de la puissance ottomane. Il est donc inutile d'espérer que la Porte consente jamais à la réalisation d'un semblable projet et que les chrétiens d'Orient puissent y trouver l'adoucissement de leur sort et la fin de leurs longs malheurs.

Aussi les puissances ont-elles renoncé à en poursuivre l'exécution. Les faits ne le prouvent que trop. Certes, la vaillante nation du Montenegro avait droit à la protection de l'Europe.

Elle avait préservé son indépendance. Tous les Etats, la Porte elle-même, avaient reconnu son existence...

Et cependant, 90,000 musulmans ont envahi le Montenegro qui n'avait que 25,000 soldats ; mis en déroute dans vingt combats, complétement battus à Zagaratj et à Kokotj, les Turcs ont écrasé à Rieka l'armée chrétienne, se sont emparés de la capitale et ont soumis le pays tout entier aux plus épouvantables dévastations. L'Europe a contemplé, impassible, ce navrant spectacle ; elle n'a rien fait pour les Monténégrins. En même temps, elle abandonnait aux musulmans les chrétiens de l'Herzégovine.

Et, depuis ce temps, n'avons-nous pas vu la population de l'île de Crète, luttant avec la même passion pour sa foi religieuse et pour son indépendance nationale, abandonnée aussi aux 60,000 soldats que la Turquie a déchaînés sur elle. Et cependant la Crète avait le droit d'élever la voix et d'être entendue des nations de l'Europe. Au temps de la guerre de l'indépendance, elle conquit sa liberté par une lutte qui dura neuf années, en la payant de la ruine de tout son peuple et de la mort de ses plus nobles enfants. Unie de religion et d'origine à la Grèce, elle voulait alors, comme elle le veut aujourd'hui encore, être rattachée au royaume hellénique. Les diplomates n'en décidèrent point ainsi ; l'héroïsme de la Crète ne la sauva pas : ses vœux furent méconnus. Les protocoles de Londres et les traités qui suivirent la laissèrent à la Turquie. En 1833, en 1841, en 1858, elle reprit les armes. En 1866 enfin, éclata contre l'autorité du Sultan une nouvelle et terrible révolte. C'était la guerre de l'indépendance qui renaissait, ranimée par les causes qui l'avaient fait éclater quarante-cinq ans auparavant. C'était la même passion religieuse et patriotique dont les Crétois étaient animés en ce temps, la même volonté de briser le joug des Turcs et de se réunir au peuple des Hellènes. Ce furent les mêmes combats de dix contre cent, le même courage sur les champs de bataille, les mêmes souffrances et les mêmes sacrifices ; et aussi, du côté des Turcs les barbaries et les massacres qui forcèrent autrefois l'Europe à intervenir dans la lutte.

L'Europe n'a rien fait pour les Crétois. Elle refuse d'écouter les vœux qu'ils ont écrits de leur sang sur le sol dévasté de leur malheureuse patrie...

Était-il donc si difficile de trouver quelque solution qui les unît au royaume hellénique en laissant sur eux au sultan une sorte d'autorité nominale, — puisque certaines puissances ne voient de salut pour l'Europe que dans l'intégrité de la Turquie? Mais l'Angleterre et l'Autriche ne veulent pas qu'il soit touché à l'empire ottoman : la crainte de perdre leur alliance enchaîne les autres peuples et réduit à des vœux sans effet pour la Crète les sympathies les plus ardentes.

Nous pouvons donc le dire, sans crainte de nous tromper : tant qu'une province de l'empire essayera seule de briser le joug, elle n'aura rien à espérer de l'Europe. L'armée turque écrasera les efforts isolés du peuple qui se soulèvera. Les puissances n'interviendront pas. Les priviléges de la Serbie et de la Roumanie ne seront accordés à aucune autre des provinces de la Turquie.

Mais l'Orient conquerra sa délivrance par le soulèvement simultané de toutes ses populations chrétiennes.

La paix peut se prolonger encore ; se prolonger avec ses défiances, ses agitations sourdes et ses haines vivaces, ses explosions inattendues et ses révoltes acharnées, ses répressions et ses massacres, ses congrès inutiles, ses protocoles impuissants, ses inquiétudes dans le présent et ses menaces pour l'avenir. Puis enfin, le temps viendra, — bientôt peut-être, — où ce repos étrange et douloureux sera lui-même impossible : alors éclateront les luttes qui doivent délivrer l'Orient.

Et maintenant, nous redisons avec anxiété ce que nous inscrivions aux premières pages de ce travail : que fera la France ?

Nous n'avons point de sympathie pour les solutions violentes ; mais elles sont parfois légitimes et nécessaires : il faut alors les adopter résolûment.

La guerre des populations chrétiennes contre les musulmans sera la lutte de peuples qui veulent être libres contre une oppression quatre fois séculaire, la lutte de la civilisation chrétienne contre la barbarie musulmane, du libre génie de l'Europe contre le fatalisme de l'Orient. L'Europe n'a pas à croire qu'elle puisse se désintéresser de semblables conflits... Que, par un impossible malheur, les Turcs soient victorieux, qu'ils rétablissent sur les chrétiens de l'empire, en faisant couler des flots de sang, leur domination détestée, qu'ils envahissent la Serbie et la Roumanie révoltées, qu'ils franchissent les frontières de la Grèce et menacent Athènes, qu'ils rejettent dans Nauplie le jeune souverain dont le cœur répond si énergiquement à la pensée de son peuple, serait-il alors au pouvoir des nations européennes de s'enfermer dans la neutralité et d'attendre, indifférentes et impassibles, les résultats d'une bataille suprême ? Non ! quand la guerre éclatera, tous les intérêts moraux et matériels de l'Europe seront engagés dans le conflit, et tous les peuples seront entraînés dans la lutte qui décidera du sort de Constantinople et de l'Orient.

Eh bien ! puisque la France doit tirer l'épée ne vaut-il donc pas mieux qu'elle agisse résolûment pour la cause de la civilisation, de la justice et de la liberté ? Qu'elle hésite, et la Russie s'emparera du rôle glorieux que les siècles avaient fait à notre pays. Elle protégera, elle défendra les chrétiens d'Orient contre la Turquie, et l'influence française disparaîtra de ces contrées.

Il n'est qu'un moyen de prévenir un tel amoindrissement de l'honneur et des forces de la France. Mais que notre pays sache voir en Orient autre chose qu'un cadavre à galvaniser pour en retarder la décomposition ! Il y a là un peuple vivant, qui eut un passé glorieux avant que les Turcs ne fussent connus du monde, auquel le christianisme a conservé la vie dans le désespoir et dans les souffrances de la servitude, auquel il ouvre aujourd'hui l'avenir. Le peuple des Hellènes, enserré par une fausse politique en d'étroites frontières où étouffent son génie et ses aspirations les plus légitimes, séparé par l'Europe en deux nations, dont l'une est libre et dont l'autre est esclave, donne en ce moment un magnifique spectacle de patriotisme, de courage et de dévouement... Il espère en notre patrie qui porte devant l'histoire la glorieuse responsabilité de la bataille de Navarin. Si parfois ses regards se tournent vers d'autres puissances, c'est que la France semble l'abandonner.

Soyons donc sympathiques aux espérances des chrétiens! Comprenons enfin que les promesses des Turcs sont d'éternels mensonges à l'aide desquels ils se jouent des nations occidentales et que l'abandon de leurs conquêtes en Europe, aujourd'hui qu'ils ne peuvent plus s'y maintenir par la force, est la solution nécessaire de la question d'Orient. Soyons plus ouvertement favorables que nous n'avons osé l'être jusqu'à ce jour au peuple hellène, autour duquel convergent les espérances de l'Europe orientale. Et surtout ne permettons jamais aux musulmans les épouvantables barbaries qui sont l'arme accoutumée de leur autorité défaillante!

Puis enfin, quand sonnera l'heure de la lutte, quand les Hellènes descendront sur les champs de bataille pour sauver leur indépendance et pour conquérir la liberté de l'Orient, alors, que la France protége la Grèce parce que le peuple hellène est chrétien et que le nom de la France fut dans tous les siècles, comme il l'est encore aujourd'hui, l'espoir des peuples chrétiens! Défendons-la parce qu'elle est outragée et abandonnée et que la France est l'éternelle protectrice des opprimés et des vaincus..... Ou bien, si le souvenir de ces traditions nationales est effacé de nos esprits, si ce n'est plus ainsi que nous comprenons le rôle de la France dans le monde et sa grandeur au milieu des nations, alors soyons encore les défenseurs de la Grèce parce que l'avenir lui promet de magnifiques destinées, parce qu'un jour elle sera forte et puissante et que son drapeau flottera sur les murs de Constantinople.

Quelle est la puissance qui oserait combattre cette politique ? La Russie a toujours affirmé ses sympathies pour les chrétiens d'Orient ; l'Autriche, aujourd'hui partagée entre ses devoirs de nation civilisée et ses craintes au sujet des provinces danubiennes, ne renoncerait pas à l'alliance française ; l'Angleterre isolée serait impuissante.

La France ne compromettrait, en réalisant ces pensées, ni sa puissance, ni son avenir. Car au jour où les peuples orientaux délivrés se constitueront librement en nation, elle aurait sur leurs décisions son antique influence grandie par de nouveaux services. Voilà la politique qui peut conserver à notre drapeau son prestige, la sécurité à nos relations commerciales, la liberté à la Méditerranée et aux mers orientales. Puisque cette politique est à la fois chrétienne et française, embrassons-la sans peur et pratiquons-la sans faiblesse !

Sens. Imprimerie et Lithographie de Cᴴ. Dᴜᴄʜᴇᴍɪɴ, rue Royale.